LEBENSZWEIGE

FSC
www.fsc.org

MIX

Papier aus ver-
antwortungsvollen
Quellen
Paper from
responsible sources

FSC® C105338

Thomas Hoffmann

LEBENSZWEIGE

Bibliografische Information der Deutschen Nationalbibliothek

Die Deutsche Nationalbibliothek verzeichnet diese Publikation in der Deutschen Nationalbibliografie; detaillierte bibliografische Daten sind im Internet über http://dnb.d-nb.de abrufbar.

© 2014 Thomas Hoffmann
Herstellung und Verlag: Books on Demand GmbH, Norderstedt
ISBN: 9783732298976

Für Felix Lang (1985 - 2010)

Ἡ αὐτὴ γνώμη θαρρεῖν τε ἐποίησεν ὑπὲρ τοῦ μηθὲν αἰώνιον
εἶναι δεινὸν μηδὲ πολυχρόνιον καὶ τὴν ἐν αὐτοῖς τοῖς
ὡρισμένοις ἀσφάλειαν φιλίας μάλιστα κατεῖδε συντελουμένην.

*[Ein und dieselbe Einsicht lässt uns darin zuversichtlich sein,
dass nichts Schreckliches ewig oder auch nur lange Zeit währt,
und begreifen, dass die Sicherheit gerade unter eingeschränkten
Bedingungen am ehesten durch Freundschaften vollkommen
wird.]*

*Epikur von Samos (~341-270 v. Chr.),
Κύριαι δόξαι (Kyriai doxai), XXVIII*

Inhalt

Abend am Fluss 11

Abgetrennt 12

Abgrund Mensch 14

Alleen deiner Seele 15

An einem Fluss notiert 16

An meinen Leib 17

Angst und Vertrauen 18

Aus Liebe 19

Ausgeliefert 21

Bewusstseinsstrom 22

Blick in Liebe 24

Das Ende der Einsamkeit 25

Das Zeigen der Gegenstände 26

Daul Kim 27

Der Gelähmte 28

Der Weg 29

Du in mir 30

Du machst mich so müde... 31

Eingang in die Momente 32

Ergriffenheit 33

Frieden 34

Geborgen 35

Geheime Liebe 36

Geheimnis 37

Geöffnet von dir 38

Gewissheit 39

Haus des Lebens 40

Heimahd Siedpfalds 41

Highgate Cemetery, London 42

Ich würde gerne... 43

Im Regen der Nacht 44

Innerer Abschied 45

Irreversibel 46

Kreis des Lebens 47

An die Zeit 48

Lebensweg 49

Liebe und Tod 51

Liebe zum Leben 52

Liebe 53

Liebesgedicht 54

Liebes-Lied 55

Loslassen 56

Mehr als alles 57

Mein Schmetterling 59

Melancholische Lebensbejahung 60

Mnemosyne 61

Momente bei Nacht 62

Nächtliche Sehnsucht 63

Nahender Abschied..64

Glück...65

Ode an das Vertrauen..66

Orkane in mir..67

Perspektive 68

Ratlos 69

Romantik..70

Ruhelos 71

Schauerliches Innewerden 72

Scheitern...73

Schleier der Furcht 75

Schneefall der Stille..76

Sehnsucht..78

Seltsam schwierige Einsicht 79

Sinnsuche...80

Stillstand und Regung...82

Suche...83

Traurig..84

Unbegreiflichkeit des Scheiterns 85

Undeutbar..86

Verfallen..87

Vergänglichkeit 88

Verhängnis...89

Verliebt..90

Verlust und Traurigkeit..91

Verrat 92

Verwobenheit 93

Verzauberung 94

Verzeih... 95

Verzweifelte Hingabe..96

Wachende Mächte..97

Wagnis..98

Wartend 99

Warum leben?..100

Widersprüchlich..102

Wird es wichtig sein? 104

Wogen des Werdens 105

Zauber der Erinnerung...106

Zauber einer Stadt...107

Zeit und Ich 108

Zum Abschied..109

Zum Geburtstag zu sagen 110

Zwiesprache 111

„[...] Dass ich Ansprüche stelle, vielleicht zu hohe, mag ich mir
nicht übel nehmen, das stimmt von all dem, was Du mir
vorwirfst, auch dass ich ungeduldig und unzufrieden bin, aber
meine Unruhe treibt mich, dessen bin ich gewiss, nicht Wegen zu,
auf denen man sich verliert. Ich war einige Male daran, mich
gegen mich zu entscheiden, und es ist möglich, dass ich noch
einmal und immer wieder zu wählen haben werde zwischen mir
und etwas sehr Klarem, das immer mit mir gewesen ist, zwischen
einem Menschen, der es sich leicht machen will, der
Bequemlichkeit sucht, gefallsüchtig ist und noch vieles mehr, und
zwischen dem anderen, von dem und durch das ich wirklich lebe
und von dem ich, zuletzt, um nichts in der Welt – ich kann es nur
so banal sagen – lassen werde. [...] "

Ingeborg Bachmann an Paul Celan,
Wien, 17. Juli 1951

Abend am Fluss

Heute Abend bin ich gehüllt in Träume,
die aus den Bildern steigen am Fluss –
in seltsamem Frieden erbaue ich Räume,
aus denen ich niemals entweichen muss...

Und da steigt Sehnsucht in mir,
und ich berühre den Sinn der Dinge,
und würde gerne lange mit dir
leise hier stehen, bis ich verklinge...

Hier an den Wassern, die ewig fließen,
kann ich den Sinn des Sterbens berühren,
und einen Augenschlag lang genießen,
in allem Leben ein Weichen zu spüren...

Abgetrennt

Es mag wohl solche Menschen geben,
tragisch viele, wie mir scheint,
die können nicht mehr wirklich leben
und wissen nicht mehr, wie man weint...

Die kauern hinter Schutzfassaden
und ahnen oft nicht mal davon –
von ihren klingenden Balladen
ist nichts geblieben als ein Ton...

Und hinter ihren schweren Wänden
verlieren sie die Welt so sehr... –
ich weiß nicht, wo sie Heimat fänden –
dass sie sie hatten scheint so lange her...

Sie fürchten sich vorm Stillestehen,
im Ruhen könnte man ja bei sich sein,
und was die Dichter mit dem Herzen sehen,
das geht zu ihnen nur durch Gründe ein...

Noch schlimmer aber, sie verlieren
den Weg zum Andern, der nur durch uns geht –
die Möglichkeit, ihn wie uns selbst zu spüren,
auch seine Sehnsucht, die ihn weh umsteht...

So will ich niemals mich verschwenden,
so will ich nie zerbrochen sein –
so noch lebendig fast im Tod zu enden,
das mag ruhig jenen überlassen sein...

Ich will den Laut der Dinge fühlen
und offen wagen, Raum für Schmerz zu sein –
vielleicht ist so das Leben zu erzielen,
in seiner Tiefe meine ich, nicht nur im Schein...

Abgrund Mensch

Ach, nur eines wünsche ich mir, eines,
eines wünsche ich mir sehr:
dass vom Ausklang jedes Reimes,
den ich, selbst bedeutungslos, erfinde,

dass im Aufgang seines Keimes
etwas Füllendes sich gründe
für die abgrundtiefen Schlünde,
die der Menschen Hand entblößt...

Ich vermag sie nicht zu fassen,
denn mein Herz ist viel zu weit –
welche Qual, sie sein zu lassen,
als Beschämung unsrer Zeit...

Aber, wie gesagt, ich schreibe
unermüdlich auf sie ein,
und so lange ich hier bleibe
sollen sie nie heimisch sein...

Alleen deiner Seele

Sieh, wie ich mein Leben male,
zaghaft, zu Gestalten aus Brokat –
aus der Farbe deiner Fragen
forme ich mir eine Schale,
ängstlich fast, wie Morgentau,
lege ich sie dir in deine Hand,
wenn ich wache und warte, nachts,
bei den Nebelschleiern auf den Alleen
deiner Seele, und einsam
mit dem Hauch fallender Blätter
Verrat begehe am Leben, aus Angst
vor dem, was einmal sein wird,
wenn ich nicht mehr weiß,
wo ich deine Hände finden kann...

An einem Fluss notiert

Plötzlich empfand ich wahrhaft das Leben,
fast seltsam, wie ein verweilendes Fließen... –
und ich dachte, ohne die Augen zu heben:
kann das Wasser diese Schönheit genießen?

Diesen Zauber am Morgen, im Sich-Verweben
in randlose Tage, in die wir uns hoffend ergießen,
im Werden und Welken, das wir durchweben... –
immerfort wird uns Tiefstes gewiesen...

Doch kann ich das Dasein wirklich so sehn,
so unstillbar die Bilder atmen wie Blüten?
Ich fürchte, dann wird der Tod mich zerbrechen...

Vielleicht kann ich das Sterben ja anders verstehn –
vielleicht wie das Aufgehn des Regens in Oberflächen,
oder das Fortgehn des Flusses in umhütetem Frieden...

An meinen Leib

Ich habe nie gesagt, mein Hain,
mein Hort, mein sterbliches Gemach,
dir nie gesagt, dass ich dich liebe...

Dir selten nur gedankt, in dir zu sein,
fast nie bereut, was ich an dir verübe,
verzeih, dass ich dein Dulden brach...

Du widerstehst, voll Stärke, den Fluten,
so voll Anmut dem Branden der Zeit,
und ich berausche mich an den Gluten
durch deine Pforten der Endlichkeit...

Verzeih, wenn ich dir Schmerzen bereite,
ohne Rast auf der Suche nach Frieden –
ohne dich wär' mir niemals beschieden,
all diese Schönheit zu lesen, Seite um Seite...

Angst und Vertrauen

Oh Angst, du größte all meiner Ängste,
aus der ich, wie das Wechselspiel aller Winde,
mein Leben immer von Neuem erfinde... –
oh, du von all meinen Schweren die längste...

Denn wie muss ich aus dir doch erkennen,
dass ich der Liebe zum Leben noch immer entgehe –
weil ich verstehen will, was ich niemals verstehe,
und benennen will, was wir niemals benennen...

Ich müsste zum Leben sagen: nimm meine Hand,
und nimm sie so lange du dich in mir siehst –
und was du auch immer mir schenkst und entziehst,
ist Teil meines Weges durch dein werdendes Land...

Aus Liebe

Wo wird unser Leben stehn,
unser Fluten in die Tage?
Welche Fügung, dass ich wage,
mit dir Hand in Hand zu gehn...

Du, die mich erfüllt mit Wonne,
in mir pocht wie leise Glut,
du, mein Morgenspiel der Sonne,
du mein Herzschlag und mein Blut...

Wo wird unser Leben stehn,
unser Fluten in die Tage?
Welche Fügung, dass ich wage,
mit dir Hand in Hand zu gehn...

Du, die mich durchsehnt bei Nacht,
um am Tag mich zu durchbeben,
du, die mich ins Ruhen lacht,
du, die mich erst lehrt zu leben...

Wo wird unser Taumeln stehn,
unser Fluten in die Tage?
Welche Fügung, dass ich wage,
mit dir Hand in Hand zu gehn...

Du, die mir befiehlt zu sehen,
wenn ich blind vom Zweifeln bin –
du, mein Klang, mich zu umwehen,
du mein Weg und Anbeginn...

Wo wird unser Leben stehn,
unser Fluten in die Tage?
Oh, wie schön, dass ich es wage,
mit dir Hand in Hand zu gehn...

Ausgeliefert

Du atmest ein und atmest aus,
und ich bin hilflos wie ein Kind im Traum,
ein schönes Bild in einem leeren Haus,
ein weiterstreckter, nie erfüllter Raum... –
du atmest ein und atmest aus,
und Herbstzeit schwelgt in meinem Baum –
ich welke jeden Tag mein Hoffen aus,
wie Tropfen unbemerkt am Meeressaum –
du atmest ein und atmest aus,
doch seltsam: Du bemerkst mich kaum –
du atmest ein und atmest aus...

Bewusstseinsstrom

Ich trinke, trinke deinen Kuss und meine Seele lacht,
ich laufe los, ich laufe, mein Herz pocht, schneller, rennt
so frei wie aller Vielfalt Tiefe um mich her,
so frei und wallt der Welt entgegen
und atmet alles gierig ein – mein Haar wird Mund,
mein Auge wird ein Brunnen, keuchende
Lunge, klein, zu klein, um alles dies zu atmen...

Wände im Hintergrund, Kichern und Tanz
auf den Gesichtern der Kinder,
überall Absicht und Traum, Liebe,
Richtung, Schicksalsgelächter, Blick
und Raum, und wogender Raum,
und immer das Grün und das Gras
und immer das Lachen der Linden...

und nirgendwo Gleiches, auf Brücken
und Plätzen und Stegen, so reich
die Hände und Gesten, Gestalt, auf Wegen,
in Räumen, spielende Schwaden, Durst,
Durst nach Dauer und Leben...

Ich schwelge, den Bildern verfallen,
durch die Hallen des Regens und suche
nach Reserven der Liebe in mir –
ich schaue, ich träume, ich begehre das Leben,
jede Regung und jedes Erstarren,
Schönheit in banger Bewegung...

Reifender Quell in mir, reifer
je weiter ich laufe, je verliebter ich lebe,
etwas, das nach mir greift, je mehr
ich mich fühlend vergebe...

Auf den Büsten im Park, es ist Abend,
Geschichte und Ernst, und Glanz,
ich sitze, Geflecht, Netz gewebter Gedichte
und leise, ganz leise das Dämmerungslicht...

Blick in Liebe

Ich tanze, tanze mit den Gegenständen
und allen Sonnenstrahlen, die mich beregnen,
und spiele ein Lied auf deinen Händen
und denke dabei: Nie wird mein Leben enden,
und nichts wird mir je reiner begegnen...

Nicht die Liebkosung der Sterne auf einsamen Seen,
nicht das Sterben, unser schweigsamstes Gehn,
nicht die seltsame Zeit, die wir niemals verstehn,
ja, selbst nicht die Träume, unser friedvollstes Flehn...

Ich tanze, tanze mit den Gegenständen
und allen Sonnenstrahlen, die mich beregnen,
und spiele ein Lied auf deinen Händen
und denke dabei: Nie wird mein Leben enden,
und nichts wird mir je reiner begegnen...

Das Ende der Einsamkeit

Es fällt, es fällt meinen Augen so schwer,
so schwer wie Flocken aus Träumen und Stein
auf Seidentücher fallen, auf brüchiges Geäst;
es fällt, es fällt meinen Armen so schwer,
und allem, was ich war und bin,
schwer wie der Weg, den jeden Morgen
die Nacht, die weinende, zurück ins Leere geht;
es fällt, es fällt meinen Augen so schwer,
sich nicht mehr an deinen Ufern,
sich nicht mehr in deinem weiten Land
ganz zu verlieren und zu vergeben... –
Ich gehe fort, ich gehe, mein ganzes Leben du,
wer hat mich je geliebt wie du, mein Meer,
du tiefstes Blau, du Tiefe allen Sehnens,
der Blick in alle Fernen, die uns rufen... –
doch jetzt, jetzt gebe ich dich auf, vergib,
doch Land hat mich gefunden, Mondschein
und ein andres Abendrot, in dem ich mich verliere,
so anders sanft als du, mein Einsamsein,
so wahrer ich, so länger schwelgend über allem... –
und doch, es fällt, es fällt meinen Augen so schwer,
den Lidern meiner brandenden Seele,
aus deiner Stille sich an Ufer und Länder,
an fremde Wege und Träume zu geben...

Das Zeigen der Gegenstände

Ich treibe dahin
in den Wassern der Nacht,
wo ich weiß, wer ich bin,
und lege mich in das Zeigen
der Gegenstände,
das mich verständlich macht... –

Zwei Leben noch, zweimal noch schweigen,
und ich durchdringe die Wände
und ertrinke in Sinn...

Vor den Gewändern
zerrinnende Hände...

Wer soll dies ändern?

Daul Kim

Marmorstatue in Seidentau, hörst Du den Ruf,
mein blasses Wort für Dich, das diese Welt Dir schuldet?
Aglaia aus Brokat, die etwas Tiefes aus der Stille schuf,
wie hast Du stark so einsam diese Welt erduldet...

...die Dich gefangen nahm und teilnahmslos begehrte,
die Seele rein noch, wie ein Kind fast oder Morgenluft,
die in Dein Suchen eindrang und den Traum verzehrte,
den ich in Deinen Augen sehe, wie ein milder Duft...

Du warst so zart, dass Du jetzt aufsteigst wie ein Rauch,
und noch in Liebe Mächte einhüllst und die Oberflächen,
die jene Welt gebiert wie einen schlechten Brauch –
Dein Tod ist Mahnmal für die leisesten Verbrechen...

Der Gelähmte

Erinnerung, ach, Faltung, Zeit,
wie lange soll ich so noch liegen?
Im Traum nur noch bin ich befreit
und spanne die erlahmten Arme weit
und kann zu dir nach Hause fliegen...

Seltsam aber, wie das Nicht-Bewegen
dann am Morgen aus mir scheint,
und der Schmerz, mich nicht zu regen,
mich nie mehr ganz in dich zu legen,
nicht mehr so endlos in mir weint...

Doch dann kommst du, mich zu besuchen,
mit diesem Spiel in deinen Augen,
dann will ich alles, was uns brach, verfluchen,
will bersten, schreien, deine Lippen suchen,
will mir den Stein aus meinen Gliedern saugen...

Doch dann legst du dich zu mir nieder,
ganz ohne Scheu, nur sanft und unbeugsam,
und liest mir vor und singst mir Lieder,
und mir entsteht mein Leben wieder,
und all die Tage, die uns niemand nahm...

Der Weg

Ich erzähle mir meine Geschichte
und werde selber erzählt von der Nacht –
ich weiß nicht, verringern mich die Gedichte,
oder bin ich in ihnen nur wirklich erwacht?

In der Natur, wie traurig, dieses Erwarten,
das die Menschen seltsam verzehrt –
die Tragik der Träume, die langsam entarten,
inmitten der Schönheit, die alles verehrt...

Ich male mein Leben auf und entkleide
die Fassaden, die niemand durchdringt –
ich wage mich fort in die einsame Weite
hin zur Liebe, die alles erringt...

Ich baue mein Haus in unserem Wesen
und atme den Frieden, der uns erhält –
und plötzlich kann ich die Schönheit lesen,
die aus den Adern des Lebens quellt...

Du in mir

Oft ist es nur ein langer Augenblick,
in dem ich mich ganz zu dir hin bewege –
und ich weiß kaum wie ich errege,
dass du mich austrinkst wie ein tiefes Glück...

Denn ich bin oft ein sturmgekrümmter Baum,
der einsam blickend sich im Wüstenwind erblindet,
und der nicht Halt noch Rast noch selbst sich findet,
und der nur immer trüber wacht nach jedem Traum...

Und bin wie Regen, der auf Spiegelflächen tanzt,
wie Wasser, das aus Felsen rollt, sich zu verschenken,
ein Lied, in dem die Töne sich in sich versenken,
wenn Liebe sie in eine Seele pflanzt...

Du liebst mich sanfter noch als Morgenstunden,
durchwanderst Wüsten in mir, ohne Schwächen,
die dort genauso leben wie die Spiegelflächen –
du bist die Heilung meiner Wunden...

Oft ist es nur ein langer Augenblick,
in dem ich mich so zu dir hin bewege –
dann lächle ich und denke: Schön, dass ich errege,
dass du mich austrinkst wie ein tiefes Glück...

Du machst mich so müde...

Über die Ränder
meines Herzens
floss zu vieles aus...

zu tief zu dir,
zu lange hinaus
in den Grund
deiner Seele...

Du machst mich so müde
und hältst mich doch wach –
und dein Mund
bleibt stumm...

Warum nur, warum
sagst du nicht, ach,
bevor meine Welt zerbricht:
sei mein Friede...?

Du machst mich so müde...

Eingang in die Momente

Genießen will ich dich, Leben,
immer wieder zum ersten Mal... –
will immer erneut an dir beben,
wie im Mondstrahl ein Nebeltal...

Will deinem Geheimnis mit jedem Blick
einen Sinn für mein Atmen entlauschen,
und mich immer im Augenblick
an deinen Tiefen berauschen...

Vielleicht gelingt es mir so einmal doch,
nicht mehr zu bluten an deinem Gewand,
das uns auszehrt, kaum noch benannt... –
doch einstweilen werde ich noch...

Ergriffenheit

Ich halte still und lausche lange den Bäumen,
die mir ein Lied an meine Seele legen,
vom Leben und Hiersein, und mich entführen
ins Wogen der Meere, die sich in Räumen
und Hallen der Winde bewegen...

Du, Wesen der Stille, du wirst mich berühren... –
Ich fürchte so sehr den Verfall,
das Entweichen des Lebens zu spüren,
hinaus in die Leere, hinaus in das All...

Was ist in diesem Tanz der Träume nur in mir zugegen,
dass ich so ruhelos dies taumelnde Geheimnis liebe,
und niemals müde werde, mich so hinzulegen,
als ob sonst nichts von meiner Seele bliebe –
Was ist in diesem Tanz der Träume nur in mir zugegen?

Du, Wesen der Stille, du wirst mich berühren... –
Ich fürchte so sehr den Verfall,
das Entweichen des Lebens zu spüren,
hinaus in die Leere, hinaus in das All...

Frieden

Siehst du die Schönheit quellen?
Sieh sie dir an: Wie ein Gewand
umringt sie die wehen Stellen
unseres Lebens, wie eine Hand...

Wer kann dieses Atmen nicht lieben,
das eine Musik spielt unter Kaskaden?
Selbst das, was wir niemals beschrieben,
steht längst da, wie tiefste Balladen...

Kann man bereit sein zum Sterben,
wenn man von all dieser Schönheit trinkt?
Bricht nicht alles, was wir lieben, in Scherben,
wenn einmal der Tod auf uns niedersinkt?

Ich lege die sommerluftmilden Alleen
heimlich in meine Seele, fast wie ein Kissen –
ich weiß, ich muss das Leben vermissen,
und doch: Ich werde in Frieden gehn...

Geborgen

Wenn du mich retten willst, tue nur dies:
Bewahre die Melodien in mir!
Ich kann nicht leben in jenem Verlies,
in dem Menschen oft ihre Gefühle verwahren... –
aber du bist ja hier...

Wenn du mich retten willst, tue nur dies:
Bewahre die Stille in mir!
Ich kann nicht leben in jenem Verlies,
in dem Menschen oft das Schweigen verwahren... –
aber du bist ja hier...

Wenn du mich liebst hilf mir finden,
die Melodien und die Stille in mir!
Ich kann nur wachsen auf weiten Gründen,
die allein in der Liebe ruhen... –
aber du bist ja hier...

Geheime Liebe

Seltsam, dass du das nicht spürst,
wie ich mich durch meine Tage sehne,
danach, dass du mich bei Nacht berührst...

Seltsam, wie ich dich verzagt verwöhne
mit Wünschen, mich dir zu erzählen,
und heimlich eine sinnlich-schöne

Melodie für meine Worte auszuwählen,
die dann in dir zu einer Blüte quellt –
niemals soll dir meine Liebe fehlen...

Seltsam, wie die Dinge unverstellt
mir jetzt ihr schönstes Wesen malen,
unergründlich durch dich aufgehellt –

wie ein Geflecht aus Sonnenstrahlen...

Geheimnis

Geheimnis der Zeit,
weißt du, wo wir gründen?
Mein Staunen ist weit,
doch ohne zu finden...

Aber Suchen ist gut
und ich will warten
mit pochendem Blut
in deinem Garten...

Meine Dämme brechen,
Dinge strömen in mich –
überall auf den Flächen
verspüre ich dich...

Geheimnis der Zeit
wirst Du mich finden?
Mein Leben ist weit
in deinen Gründen...

Geöffnet von dir

Selbst die Gedichte,
die ich nicht sage,
hörst du... – sie klingen
durch alles zu dir...

Du schreibst sie weiter
mit deinen Augen
und stimmst mich,
wo auch immer ich bin...

Wie ich mich auch verschließe,
ich spiele für dich,
ich atme mit dir –
du spannst mich aus...

Willst du wirklich, dass ich
Abschied nehme von dir,
jeden Tag wieder und nie
ankomme in deinem Herzen?

allen wartenden Verliebten gewidmet

Gewissheit

Wie dem Licht,
das in unsere Augen fällt,
will ich dir glauben...

Wie meinem liebsten Gedicht
im Klang meiner Welt
dir zu schweigen erlauben...

Wenn ich dich heute verliere
wirst du mir ewig begegnen,
in der Nacht, ohne Reue...

Es ist so wahr, wie ich dich spüre,
und deine Räume mit Nähe bestreue... –

wie ich nie versiege, dich zu beregnen...

Haus des Lebens

Ich bin in das Haus des Lebens gezogen
und stehe dort als Klavier,
und manchmal auch als Kommode... –
und immer kommen die Bilder geflogen
und spielen ein Lied auf mir,
oder zaubern um mich eine Pagode...

...oder erzählen mir eine Anekdote
über die Geschichte der Welt
und den Architekt dieser Räume...

...und ich spiele Note um Note,
bis dein Stern auf mich fällt... –
wie nachts auf die Lider die Träume...

Heimahd Siedpfalds

Du bisch de schennschde Dähl vunn mir
unn wärsch's ach immer bleiwe –
egahl, wu ich noch hie maschier,
wärr ich doch vunnder schreiwe...

Vunn allem, was dich ähnzich machd,
deim Weih, deim Wald, unn deine Leid –
ich häbb nie widder so viel glacht
seiddämm ich fordgmisst häbb, bis heid...

...wie dord, uff deine scheene Feschde,
mimm Schobbe Weih unn Pfäldser Däller,
im Härbschd mit Neiem unn mit Keschde,
de schennschde Heef unn Weihfasskeller...

Unn deine Leid ihr Herzlichkeid,
die häwwich so nie widder gfunne –
so dief erfilld vunn Läwensfreid,
an jedem Daach, in alle Schdunne...

Dei Deerfer, die sinn ähfach schee,
so moolerisch dei alde Heiser,
wenn ich uff deine Fälder steh,
wärd jehdi Haschd in mir viel leiser...

Du bisch de schennschde Dähl vunn mir,
ich wolld ebissl driwwer schreiwe –
egahl, wu ich ach hie maschier,
wärsch du doch stehds mei Heimahd bleiwe...

Highgate Cemetery, London

Man geht den langen Hang hinunter durch ein Tor,
das schwer verheißungsvoll die Stille jenseits hegt,
und tritt hinein, schon Tiefes atmend, noch bevor
das schweigend Wiegende sich in den Blick bewegt...

Ein Weg, der sich verzweigt nach kurzem Offenbaren,
geht zaghaft durch das stille Harren in dein Blut,
und ein Geheimnis liegt auf allem, alt und gut,
und du fühlst bange, dass dies Menschen waren...

Dass diese Stille, die jetzt daliegt bei den Bäumen,
Leben waren, die einst träumten, versonnen und verliebt,
Leben, die einst überschäumten, ekstatisch, tief betrübt... –
doch jetzt sind alle still, in ihren zeitgekränkten Räumen...

Doch ist auch Tröstliches in diesen schweren Bildern,
man kann ihm lauschen in den Ranken und den Steinen –
doch weiß ich nicht: was mag den Schauer mildern,
den zarten Wind der Zeit an Namen und Gebeinen?

Ich würde gerne...

Ich würde gerne einen Teil von mir
auf die Alleen und Bäume malen,
ich würde gerne das Jetzt und Hier
mit einem Teil meiner Seele bezahlen...

Ich würde gerne die Wolken berühren
und mit den Krähen über die Wiesen fliehn,
ich würde gerne das Leben entführen
und mit ihm in die Ewigkeit ziehn...

Ich würde gerne dein Kopfkissen sein
und jede Nacht in deiner Wange baden,
ich würde gerne ganz still und geheim
dir dann immer im Traum meine Liebe verraten...

Im Regen der Nacht

Ich habe solche Angst zu sprechen,
aus Sorge, ich gebe dich fort... –
denn du bist der Quell meiner Stimme
und nur aus dir kommt mein Wort...

Man muss schon bereit sein zu sterben,
um wahrhaft das Leben zu fühlen –
wir sind nicht fähig, das Leben zu erben,
wir müssen es wieder und wieder erzielen...

Ist das wirklich so traurig, wie ich hier stehe,
betrunkener Dichter im Regen der Nacht?
Ist das wirklich so einsam, wie ich vergehe,
wo doch der Tod alle Dinge bewacht?

Ich habe solche Angst zu sprechen,
aus Sorge, dass Leben aus mir entweicht –
dabei könnte ich ständig zerbrechen,
wie ein Schmetterlingsflügel so leicht...

Aber sind wir gemacht uns zu wiegen,
leicht in den Spielen des Windes?
Wir sind so tragisch, uns selbst zu bekriegen,
und doch auch der reinste Traum eines Kindes...

Innerer Abschied

So viele Blüten knospen aus dir
und fangen all meine Strahlen –
bin ich wirklich keine davon?

Du bist doch mein schönster Ton,
hörst du ihn gar nicht aus mir?
Ach, ich muss ihn mit Sehnsucht bezahlen...

Irreversibel

Wie an uns das Wandeln wächst und west,
wie es in uns pocht und bleibend alles überwindet... –
ist das nicht Klage wert und pures Schauern?
Und wie die Dinge fallen, ohne Halten aufgelöst,
und wie, was heute aufkeimt, morgen wieder schwindet,
ohne Hoffnung, je das Sterben dieser Welt zu überdauern...

...und wie, da ich dich gehen ließ in jener Nacht, verschwommen,
tief umhüllt noch von dem Kuss, den ich dir niemals gab –
wie wird mich immer, schwer von Liebe, Sehnsucht überkommen,
wie werden deine zagen Schritte mich begleiten bis zum Grab –

du gingst, da ich nicht sah, dass manches uns nur einmal nahe ist,
und dann für immer fortentschwebt bleibt, tief im unerkannten Raum,
wie eine Weite ohne Horizont, ein einsam stehender Kastanienbaum... –
wie soll ich nur, wenn es jetzt Nacht wird, wissen wo du bist?

Kreis des Lebens

Hast du jemals dir gedacht,
wie der Tod das Leben so
weise und vollkommen macht?

...wie die sternenklare Nacht
auch den schönsten Tag entführt
und ihn unvergesslich macht?

...wie das Meer den Strom umfängt,
aus dem voll das Leben floss,
und so sanft ihm Ruhe schenkt?

...wie der Herbst die Blumen neigt
und im Frühling aus dem Spross
wieder neue Pracht entsteigt?

Nichts ist jemals ganz verloren,
immer wird in frischen Formen
Leben neu und reich geboren...

Mag ruhig kommen jene Nacht,
die auch irgendwann mein Leben
weise und vollkommen macht...

An die Zeit

Du kommst in meiner Welt nicht vor,
seltsam, dass ich dich so achte –
vielleicht leihst du mir deshalb ja kein Ohr,
weil ich der Laute bin, der Unbedachte,

der leichthin glaubt, dass all dies weiterweht,
um sein ins Leben tief verliebtes Herz –
doch du, du weißt, dass nichts dich übersteht,
und niemand in dir weit wird ohne Schmerz...

Nichts auf den Bildern, die mich sanft berauben,
nichts in den lichtstrahlfahlen, staubgestillten Räumen,
wo einst Menschen lasen, nicht die leeren Lauben,
herbsttauschwer unter verarmten Bäumen...

Niemand, der nicht eingeht in den milden Strom,
der, von dir hingehaucht nur wie des Windes Spiel,
zart uns ausreift, uns erfüllt wie einen großen Dom
der Weihrauch, ganz sich spreitend, ohne Ziel...

Lebensweg

Aus tausend Gabelungen soll mein Suchen sein,
lange Zeit mich aus der Rinde schleifen... –

Ich breche abends auf und glaube nachts daran
und bin doch ärmlich eingefroren in die Partituren
der aufgemalten, dürren Ängste meiner Augen,
und an den Morgen will mein Leben übergreifen,
überbluten in die Sehnsucht nach Zugleich
mit allen Fluchten aus dem Ursprung ins Umwachte.

Im verzahnten Park gewittern die Arkaden,
ausgedient am Angesicht der Blicke
des Teichwegs am geräumten Steg,
des alten Manns am Ufer der versiegten Brunnen,
vielleicht auch nur an jahresschweren Nachtballaden
im Zweitweltnebel am benässten Weg... –

Am Rande meiner ausgelaugten Träume voller Schwaden
muss ich fort, hinaus aufs große Meer,
im Dom des Mondes um Veratmung flehen... –
dort löst der Tod mir wieder meine Hoffnung ein,
auf Möwenschwingen scheint er eingereist,
vom Land aufs Meer vertrieben, wo er uns verwaist,
mit seinen aufgeklaubten Teilen, Lumineszenz,
bleibt er in dieser Weite ganz in meinen Händen
und muss bei mir Quartier erbitten.

Ich aber schlafe, wieder ein Stück tiefer am Leben,
heute Nacht bei dir ein.
Sehnsuchtskarenz.

Aus tausend Gabelungen soll mein Suchen sein...

Liebe und Tod

Ich würde so gerne hier sitzen und fließen,
für immer, und im Strudel des Lebens ertrinken –
so gerne den Tanz meiner Sinne genießen
und immer wieder in dir versinken...

Die beständige Furcht in mir, dies zu verlieren,
mit dir hier zu liegen im Dämmerungsregen
und deine Haut ganz an meiner zu spüren,
und überhaupt diese Freude, mich zu bewegen...

Ich suche nach Pfaden in die Gestalten,
nach einem Tor in deine innerste Welt –
ich suche nach einem Weg dich zu halten,
bis der letzte Stern ins Vergessen fällt...

Ich entscheide mich für die Momente
und langsam zu schwinden, voller Genuss –
ich lege mich tief in das Spiel deiner Hände
und weiß, es ist gut, dass ich sterben muss...

Liebe zum Leben

Leben, Aue der Zeit, unter sternstiller Nacht,
wie webst du dich in meine bange Haut,
wie hältst du immerwährend in mir Wacht,
als hätte keiner je dir so vertraut...

...so seltsam eingelassen ins Verbleiben,
ganz ohne Angst, nicht ewig zu bestehn –
und doch voll Sehnsucht, alles zu beschreiben
und einmal in die Ewigkeit zu sehn...

Ich flechte friedvoll mich in deine tiefen Bilder
und atme, ausgeliefert, gierig dein Pulsieren ein –
und ohne Angst, wie nahe können wir uns sein:
wie Berg und Mondpracht, ja, noch unverhüllter...

Oh, dass der Bruch der Melodie hinein ins Leere,
der uns, die sich Vergebenden, so tief verstört,
dass er dir innewohnt wie eine ungestillte Schwere,
wie ein erträumter Kuss, der einem nie gehört...

Liebe

Sieh, wie der Schnee
so tröstend die Wiesen beschneit –
mag sein, dass der Tod uns befreit,
aber im Leben tut er doch weh...

Vielleicht sind wir nur dieses Blühen,
ein Zauber, ein Taumeln, ein Weinen –
aber immer hebst du uns an,
so dass wir unsterblich scheinen...

Du hast uns beschrieben,
wie der Dichter den Wandel beschreibt –
was wir durch dich erzählen,
so scheint es, das bleibt...

Du hast uns warten gelehrt
auf die Weisung der Dinge –
hast aus uns Lieder gemacht,
dass wir wahrhaft erklingen...

Ich vertraue weiter auf deine Hand
und versuche, aus dir zu leben –
es gibt kein reineres Geben,
kein festeres Band...

Sieh, wie der Schnee
so tröstend die Wiesen beschneit...

Liebesgedicht

Ich gehe mit dir so gern durch den Regen
und lege meine Wangen an deinen Mund –
mein Herz kann sich nur noch bei dir bewegen
und alles in mir hat in dir seinen Grund...

Ich möchte mit dir zu den Sternen fliegen
und dich dort, Arm in Arm, leise küssen –
die Sehnsucht nach Leben kann ich besiegen,
doch dich werde ich ewig vermissen...

Selbst wenn wir durch die Unendlichkeit gehn,
werde ich dieses Gefühl nie vergessen:
einfach zu liegen, dir in die Augen zu sehn... –
so viel mehr, als wir in Schönheit bemessen...

Ich pflanze meine Liebe in deine Seele
und daraus keimt immer wieder ein Haus –
und du weißt, wenn ich dir einmal fehle,
geh dort schlafen und ich fülle dich aus...

Liebes-Lied

Seltsam, wie du jetzt in meinen Träumen stehst,
in sie gewoben scheinst seit Anbeginn der Zeit –
seltsam auch, wie du durch meine Adern gehst,
als wäre ich das Delta deiner Einsamkeit,
und du zum ersten Mal in meiner Stille weit...

Vielleicht hast du auch nur in einem Augenblick
mich einmal nachts zu lange angesehn –
vielleicht war es auch nur das letzte Stück
von einem schönen Lied... (ich konnte dich verstehn) –
dass ich jetzt Mondlicht sein will auf deinen Seen

und Raum für dich, die Möglichkeit für dein Bewegen –
und deine Zeit, die Möglichkeit für dein Empfinden –
und ja, um deinen Mund wie Zedernarme meine Lippen legen,
und ja, mein ganzes Leben nur aus dir ergründen –
dass alle meine Flüsse jetzt in deinen münden...

allen Liebenden gewidmet

55

Loslassen

Du entgleitest mir... die Räume,
die wir aus uns warfen mit Gebärden,
brechen jetzt in uns wie Meeressäume
in das Land, darin sie heimisch werden...

Es ist die Furcht, die in uns brennt,
und uns umstellt wie Nebel die Alleen –
es ist die Zeit, die uns beim Namen nennt,
die uns zu fragen zwingt: Wo will ich stehn?

Doch dieser Spalt ins Innerste der Welt,
der unsre Körper überströmt mit Leben,
ist die Tiefe, die uns wach durchwellt,
und der Grund, uns weiter hinzugeben...

Mehr als alles

Die Stiege unsres Landes sind zerbrochen,
den Hang der öden Leere fallen wir hinab,
und hilflos tasten wir die Ränder unsres Wartens
aus der begrenzten Dämmerung der Gegenwart
in jenen Jahren der Vergangenheiten ratlos ab...

Es muss doch mehr als alles geben...

Wir klammern uns an Räume, die wir längst zerstörten,
und füllen sie mit zweifelhaften Nichtigkeiten aus –
Jahrtausenddünen blenden uns, von Leeren aufgeweht... –
wir verdursten am öligen Licht. Versiegelung des Grunds.
Übersandung unsrer Hände. Geheimnis unsres Munds...

Es muss doch mehr als alles geben...

Wir sind verblutet am errechneten Verzicht,
an Maß und Element, an Widerstand und Kraft,
wir sind das ausgesäte, schluchtumgrenzte Angesicht,
der vielleicht letzte Spiegelraum der großen Tiefe... –
wir sind das zage Zelt, das sich das Nichts erschafft...

Es muss doch mehr als alles geben...

Wir warten und verglühen mit den Horizonten,
ermattete Kaskaden stürzen in ein überreifes Meer... –
es gab die Zeit, in der wir Menschen schlafen konnten,
die Nächte, da in unsrem Warten Tiefes stand... –
doch weit wie Stern am Sichtrand scheint das her...

Es muss doch mehr als alles geben...

Doch vielleicht bleibt uns fortan nur das Leben...

Mein Schmetterling

Du bist mein Schmetterling,
du bist meine Blüte,
du bist mein Sonnenstrahl
und mein Friede...

Du bist mein Schlaf,
du bist meine Träume,
du bist mein Morgen
und meine Räume...

Du bist meine Musik,
du bist meine Fülle,
du bist meine Geburt
und meine Stille...

Du bist mein Schmetterling...

für Nadine

Melancholische Lebensbejahung

Es dämmert: Wieder ist ein Tag gestorben,
den diese Flut aus Wandel uns erfand –
aber: Hat denn je ein Stern den Tag erworben,
fanden jemals Meere Heimat auf dem Land?

Unsre Nächte sind nicht da um fortzudauern,
deine Augen nicht, um ewig ganz in mich zu sehn –
aber lass uns uns nicht still verloren gehn,
weil wir uns vergessen, weil wir trauern...

Lass uns vielmehr innig miteinander leben,
solange diese Melodie sich mit uns weiterschreibt –
lass uns lieben, träumen, taumeltrunken uns vergeben,
lass uns tun, wovon man wünschen würde, dass es bleibt...

Mnemosyne

Ich habe Menschen geliebt und verloren
und wurde tausendmal wiedergeboren,
und lebe doch immer nur dieses eine Leben,
ohne Hoffnung, mich der Zeit zu entheben,
war ich an so vielen Morgen so müde
von dir, Mnemosyne, Inbild der Titanide,
Fluch und Segen unseres hoffenden Gebens –
spanne mich aus in den Raum deines Lebens,
tiefer und tiefer, dass ich aus dir erblühe,
lass mich schreiben, bis ich in dir verglühe –
ich weiß, du kannst meine Regungen sehn,
du kannst meiner Seele Verzweiflung verstehn,
bist du doch Grund unseres suchenden Lesens,
die wahrste Taufe unseres brüchigen Wesens –
ich liebe dich, seltsamste Tochter der Zeit –
aber bist du jemals zum Sterben bereit?

Momente bei Nacht

Unerträglich, diese Momente,
die über der Zeit liegen
bei Nacht...

Wir bestaunen die Gegenstände,
die alles besiegen
in ihrer Pracht...

und bauen selbst Wände,
die uns bekriegen...

Unerträglich, wie deine Hände
mich so verzaubernd wiegen
in zärtlicher Wacht...

Ich besorge mein Ende
und sollte doch fliegen...

Unerträglich, diese Momente,
die über der Zeit liegen
bei Nacht...

Nächtliche Sehnsucht

Aber du, nie in meines Tages Gefilden,
wie bist du mir nahe in der schneestillen Nacht –
da sich immer bangend die Sehnsüchte bilden,
in meinem Herzen, das niemand bewacht...

Da immer in meinen Augen, schwer wie das Leben,
ein Krieg wogt, den nur die Einsamkeit sieht –
wirst du wieder alles, was dein ist, mir geben,
und vielleicht einmal bleiben, bis mein Leben erblüht?

Nahender Abschied

Jetzt ist die Welt schon seltsam klein
und doch, wie tut der Raum mir weh... –
weil ich nicht weiß: Wo wirst du sein,
mein Lied, mein Stern, mein Abendsee?

Weil ich nicht weiß, wer wird dich spüren,
wem wirst du nahe sein beim Schlafengehn... –
wem wirst du tragend in die Augen sehn
und bei wem wirst du niemals frieren?

Vielleicht kommst du zu mir am Morgen,
auslaufend in mein Herz wie sanfte Tiden... –
vielleicht kommst du und schenkst mir Frieden,
geheim in einem Schmetterling verborgen...

Was denn sollte je dich mir verschließen?
Nichts, was auf uns warten kann in Fernen... –
ja, ich werde still dich zu vermissen lernen,
und ganz jenseits aller Räume zu dir fließen...

Jetzt ist die Welt schon seltsam klein
und doch, wie tut der Raum mir weh... –
weil ich nicht weiß: Wo wirst du sein,
mein Lied, mein Stern, mein Abendsee?

Glück

Aufgestiegen aus den Strömen deines Lesens
habe ich die Halme meiner Ängste abgebrannt... –
in gestellten Fragen, in den Tälern deiner Hand,
im ausgehellten Wohnort deiner Wangen... –
vermagst du mir das Unsagbare noch zu sagen?

Wie schwanke Form in aufgewölkten Hyazinthen,
gewunden um die Wege, die wir nie bezwingen,
erfinden wir uns neu und bleiben angefangen,
bei allem Fortgang, den wir uns im Täglichen erringen,
bewahrst du meine Augen vor dem aufgewallten Blinden...

Weil ich vergessen wurde, konntest du mich finden,
die genormte Welt hast du mir zur Erträglichkeit hin aufgestaut,
und ziehst aus mir die Schlüsse, denn ich könnte nie begründen,
zu schwer bin ich aus der Vergänglichkeit des Fühlens aufgebaut –
doch frei von Angst dank dir: mein Meer kann in dich münden...

Ode an das Vertrauen

Ist ein immerfort zweifelndes Leben,
wenn auch darüber sich Sterne drehn,
wie Blätterreigen herbstlicher Wacht,
ein lebbares uns Menschen?

Zwischen die Hänge der Zeit gefügt,
wo Bäume lauschen unserem Atmen,
dürfen wir leben und Dämme sein
den Strömen, die an uns schwellen,
uns speisen, wenn wir nur wagen,
licht zu werden...

Wie verzehrt uns Zweifel die Kraft
doch süß, wie zerstört die Nuancen
des Drehens der Sterne er...

Wie viel wahrer ist da doch und tiefer
des Vertrauens Keimen in der Liebe
fruchtbarem Tau...

Orkane in mir

Ich war immer ein Träumer,
in meinen Bildern ist Glut –
und doch auch ein Lebenversäumer,
und doch auch ein Meer ohne Flut...

Orkane der Liebe in mir
zu allem, was lebt und wacht –
zur Romantik der Städte bei Nacht
und den tiefsten Tiefen in dir...

Zum Ragen der Dinge ins Sein,
zu den Menschen, die sich verzehren –
in der Liebe, in Schmerzen, im Wein,
und sich den Frieden verwehren...

Zum Leben in Melancholie,
zum Bad im Verzagen –
zur Verzweiflung an Regentagen
und zur Ekstase der Poesie...

Ich war immer ein Träumer,
in meinen Bildern ist Glut –
und doch auch ein Lebenversäumer,
und doch auch ein Meer ohne Flut...

Perspektive

Ich liebe das Leben
und das Leben liebt sich
in mir, und ich lasse
mich von ihm leben...

Mir genügt es zu leben
tausend Augenblicke lang –
meine Seele zu kleben
in das Album der Zeit...

Wir verdunsten wie Tau,
auf Wangen gewebt,
hinein in ein Blau,
wieder und wieder...

Sieh dir die Träume an,
die nachts aus den
Seelen schweben –
wundervoll, dieses Geben...

Ich sehe mein Leben
wie ein zu schreibendes Buch –
und einem nie vollendeten Leser
soll ich es geben...

Ich liebe das Leben
und das Leben liebt sich
in mir, und ich lasse
mich von ihm leben...

Ratlos

Mir sind meine Weiten zu tief
und meine Tiefen zu weit –
ich wohne, von Schwermut beschneit,
im Garten der Zeit...

Ich bin das Siegel auf einem Brief,
von der Nacht an das Leben gesandt –
der Wind, der noch in keiner Hand
Rundung und Frieden fand...

Bin der Morgen, in den die Liebe schlief,
nachdem sie des Tages Gebärden ersann –
ich will ihr Weg sein, mit dem alles begann,
bevor uns das Leben zerrann...

Romantik

Schritte, Momente im Schnee,
Bleiben, gefrorene Zeit –
Nachtlied am einsamen See...

Mondlicht wacht: Ich bin das Alleine
und die Räume machen mich weit...

Ich stehe und atme die Winde
und klinge und scheine

weit in das Land, in die Ferne,
wo ich die Träume finde...

und in mir: das Bildnis der Sterne...

Ruhelos

Es ist ein Traum, nie zu verlieren,
allein die Zeit ist schon Verlust –
aber ich kann das Zerfließen spüren,
und das ist Gewinn, und ist pure Lust...

Ich habe mich oft gesehn in der Nacht,
in den Spiegeln menschlicher Fragen –
aber hab ich es jemals vollbracht,
mich ganz in das Wesen der Dinge zu tragen?

Was müsste geschehen, damit ich nicht leide?
Ich müsste mich legen auf Lippen und Rauch –
stattdessen beschwere ich Seite um Seite
und mein ganzes Leben eigentlich auch...

Schauerliches Innewerden

Es scheint solch ein Brand
in meinem Gedächtnis:
nirgend Erinnerung,
nirgend Bestand –
ohne Vermächtnis
bin ich Wandel und Sprung,
bin ich Traum und Begierde,
bin ich Wehmut und Zierde,
bin ich der Zeiten Beschimmerung...

Scheitern

Gewiss, wir können scheitern...

...und scheitern zutiefst in der unerwiderten Liebe,
ohne Macht, die Schwere von uns zu wenden –
fast tiefer noch in ihr, denn am Tod,
an unserem Fallen...

Wir scheitern zur Frucht in der Sehnsucht, im Weinen,
lassen in ruhelosen Nächten unser Leben entstehen...

Wir scheitern am Verlauf der Stunden und Jahre,
an der Melodie des Wandels, die uns so groß widersteht,
geduldiger und länger im Atem uns Mögliches nimmt...

Wir scheitern am Fremden, das wir furchtsam vermeiden,
höchstens noch, dass unser Blick es erstreift,
das uns Nächste, das Fremde, das nichts in uns greift...

Scheitern an der Schuld, in die wir uns verstricken,
unvermeidbar, weil die Wahl uns wie Herzschlag eint...

Scheitern aber auch, so viel schmerzlicher noch,
an Menschen, die sich verschließen,
trotz unserer Liebe, trotz der Heimat,
die sie bei uns fänden...

Zutiefst aber scheitern wir in der unerwiderten Liebe
und müssen lernen, was einsam wachen heißt... –
müssen, so viel schwerer noch, loszulassen lernen,
unwiederbringlich, und zu verzeihen...

Gewiss, wir können scheitern...

Wir leben.

Schleier der Furcht

Mir kommen die Menschen so einsam vor,
wie sie umschlungen liegen bei Nacht –
wie ein Strom quillt das Leben hervor,
aus ihrer Furcht vor dem Tod, die müde macht...

Dieser Vermummte, der uns wahrhaft vollendet,
oder uns bricht, wie Kristalle aus Reif –
ich fürchte so sehr, ich werde verschwendet
in den Weiten der Zeit, ohne Schweif...

Ich würde gerne meinen Körper enthüllen,
um das Stück meiner Seele dahinter zu sehn –
vielleicht würde sich dann meine Leere füllen
und ich könnte das Leben tiefer verstehn...

Aber mich ängstigt zu sehr der Verfall,
und deine Augen auf meinen Qualen –
doch Furcht: welch klangloser Widerhall,
welch tragischer Bruch in marmornen Schalen...

Schneefall der Stille

Ich ertrage das Unsagbare,
indem ich nie schweige –
so geht mein Blut zur Neige,
viele endlose Jahre...

Aber die Zeit ist gut
und durchflutet die Poren
von Menschen mit Mut –
bin ich verloren?

Ich ertrinke in ihrer Wacht,
im Schneefall der Stille –
aber in dir, welche Macht,
welche mich tragende Fülle...

Wo werden wir sein,
welches Lied wird uns wiegen?
Vielleicht ein neues Geworfensein,
vielleicht ein ewiges Fügen...

Ich kann nicht schweigen
und einfach nur bleiben –
warum in Tiefen steigen
und alles beschreiben?

Unsere Angst zu sterben
durchwaltet das Leben –
dabei sind wir nur Scherben,
die zu Bildern sich weben...

Bilder ohne Bestand,
schöner als alles Gemalte –
ein Sein ohne Rand,
das schon immer erstrahlte...

Ist dies nicht Bleiben,
an deiner Brust, heute Nacht?
Ich hätte nichts Gleiches vollbracht,
und würde ich ewig schreiben...

Sehnsucht

Sinnlichkeit und Zärtlichkeit,
überall zugegen...
Auf den Wegen leise Regen,
stiller, als ich ihn je sah...

Tag ohne dich in der Zeit,
und nah, unsagbar innen,
Schmerz ohne Halt,
Seele geballt, deformierte Gestalt...

Tag ohne dich in der Zeit,
Zärtlichkeit und Sinnlichkeit –
überall Zerrinnen...

Seltsam schwierige Einsicht

Ich bin doch das längste Licht
am Himmel deiner Nacht,
und deiner Tage schönstes Gedicht,
das dich versonnen macht...

Allein, du musst mich auch hören,
musst meinem Verschimmern begegnen...
Denn es würde dich immer verstören,
würde ich dich im Regen beregnen...

Sinnsuche

Vor allem Wohin
bestimmt zum Geben,
sehe ich nur einen Sinn
für mein Leben:
dass ich ganz leise bin
und alles sage,
was ich von Anbeginn
in mir trage...

Es klingt unser Wesen
durch den wachenden Raum
der Zeiten, die uns nur lesen,
und dann, wie ein Traum,
uns wieder entblößen...

Wir ruhen uns aus,
immer wieder im Leben,
und bauen ein Haus,
als könnten wir schweben,
ins Dauern hinaus...

Soll dies ewig so sein,
Neubeginn ohne Vermissen?
Vielleicht war ich tausendmal dein
in diesem Kissen?
Ich spüre, das kann nicht sein:
Ich würde es wissen...

Also warte ich und schaue,
und das ist mir genug,
dass ich liebend vertraue,
jenem, das mich ins Werden trug –
dass ich still an mir baue...

Vor allem Wohin
bestimmt zum Geben,
sehe ich nur einen Sinn
für mein Leben:
dass ich ganz leise bin
und alles sage,
was ich von Anbeginn
in mir trage...

Stillstand und Regung

Tiefste Lust, mich zu vergeben –
und doch: Verlust meines Wesens...
Aber: Mit Blick auf das Leben,
wie bin ich kundig des Lesens...

Oh, wie ich Sinn und Bewegung,
wie ich Erstarren und Ende bin...
Oh, wie sehr Stillstand und Regung,
und wie sehr Leichtsinn und Anbeginn...

...und wie immer über den Dingen
schwebend ruht mein vergebenes Herz...
Ich weiß: Ich mag ringen und ringen,
doch im Abschied liegt ewig mein Schmerz...

Suche

Sieh, wie der Wind in jenes Kindes Haar,
so mild und machtlos unscheinbar,
doch so bedeutungsschwer sich wiegt und regt,
und wie sich alles in einander legt...

Meine Freude, dass ich leben kann,
und meine Angst, dass ich das nicht mehr spüre,
in jenen Weiten, die ich in mich führe,
bis alles Schweigen wird – doch wann, ach wann?

...die ich auf tausendfachen Wegen
zu Liedern binde, die ich nicht verstehe,
auf deren Tönen ich durch Leiden gehe,
und die mein sonderbares Sterben pflegen...

...und meine Zweifel, dass ich je ermüde,
und jene Liebe in mir jemals schweigt,
die sich so ohne Rast in Fluten neigt,
wie zur Sonne hin die aufgetane Blüte...

<u>Traurig</u>

Manchmal, wenn ich so einsam gehe,
durch die schneestillen Straßen bei Nacht,
und mir dieses Träumen vom Bleiben ansehe,
das so flehend in meinem Herzen wacht...

Dann denk ich an alles, was ich verrate:
an deine Hände, deine Lippen, und deinen Kuss –
aber ich überwinde auch alle Grate,
die ein Mensch, der liebt, überwinden muss...

Lass mich einmal nur alles sagen,
was ich empfinde, dann kehr ich zurück,
zu deinen Händen, zu deinen Fragen,
so ganz zu dir, meinem seltsamen Glück...

Ich war verloren, bevor ich dich fand,
und bleibe wohl immer seltsam verloren –
aber dieses Berühren durch deine Hand
hält mich trotzdem ewig geboren...

An Menschen, die weinen, geh ich vorbei,
und würde doch gerne mit ihnen weinen –
doch ich breche langsam und leise entzwei,
wie Töne, die sich klingend verneinen...

Manchmal, wenn ich so einsam gehe,
durch die schneestillen Straßen bei Nacht,
und mir dieses Träumen vom Bleiben ansehe,
das so flehend in meinem Herzen wacht...

Unbegreiflichkeit des Scheiterns

(Ein ringender Versuch)

Das, was ich von dir nie wusste,
Bilder, die du in dich schriebst,
längst, bevor ich fortgehn musste
und dein Traurigsein bei mir verblieb...

Ist das jetzt das tiefe Brennen,
das mir, fern dir, durch die Seele fleht?
Denn kein Wort kann das benennen,
keines wenigstens, das mich versteht...

Ach, es war vielleicht, was ich vergaß,
solches, das uns niemals nur geschieht,
und kein Lesender sich je erlas... –
solches, das ganz bei uns, endlos uns entflieht...

Undeutbar

Warum will ich, dass jemand liest,
wie ich dich höre, Lied meines Lebens?
Es scheint so vergebens,
da doch nur du in mich siehst...

Ich wäre oft gerne allein,
ohne die Menschen, die alles benennen –
die sagen: ich kann dich erkennen,
und zugleich: So sollst du nicht sein!

Wer hat uns nur die Wälder verstellt?
In ihnen war nie: Sei das und sei dies!
Als ob das Leben sich deuten ließ... –
arme Benenner der Welt...

Verfallen

Ich liebe das Meer in mir,
wie es langsam anhebt zu fluten,
durch das Mondlied aus dir...

Ich liebe es, mich zu umhüllen,
tief mit Lust, die ich empfinde,
bei deinen geheimsten Stillen...

Aber du nimmst mir die Gründe
und hältst mich in bangem Vermuten –
ach, wie ich beginne zu bluten,
hinaus in die Hallen der Winde...

Ich liebe das Meer in mir,
wie es langsam anhebt zu fluten,
durch das Mondlied aus dir...

Vergänglichkeit

Es ist ein Ton in meiner Seele,
ein Klang so süß und weh wie Linden –
dass alles, was ich dir erzähle,
und jeder Kuss, den ich dir stehle,
und alles, was wir sind, den Winden

der Zeit anheimfällt und verhallen soll...
Wir sind ein Tag am Meer, ein Abendrot,
wir sind ein Park, mit Herbstlaub voll,
und eine Sinfonie in bangem Moll –
wir sind auf weiter See ein kleines Boot...

Wir sind ein Lied aus Nebeln auf den Wiesen,
ein tiefes Tal, umarmt von schweren Wäldern –
wir sind Kaskaden, die aus Tiefen fließen
und sich in Sehnsucht ineinander gießen –
wir sind die Morgensonne auf den Feldern...

Es ist ein Ton in meiner Seele,
ein Klang so süß und weh wie Linden –
doch alles, was ich dir erzähle,
und jeder Kuss, den ich dir stehle,
und alles, was wir sind, wird schwinden...

Verhängnis

Mein Verhängnis ist, dass ich die Dinge liebe,
tief durchglänzt von ihren ausgeformten Flächen –
ganz, als ob die Welt aus mir ein Märchen schriebe,
ganz, als sollte ich an einem Traum zerbrechen...

Denn ich fließe von Empfindung zu Empfindung,
hilflos, wie ein in den Strom gewelktes Blatt,
welches niemals Ruhe findet bis zur Mündung
und im Meeresblau erst Frieden hat...

Verliebt

Seltsam, wie mich das Sehnen sucht,
so tief und ganz, seit du mich erfüllst...

Ganz ohne Laut warst du da,
jetzt kann ich dich überall hören...

Seltsam schön, wie du meine Brände stillst,
und wie deine Flut in mir steigt...

Seltsam, wie mich jetzt alles
zu deinen Augen hin neigt...

Seltsam, wie mich das Sehnen sucht
und ich wieder und wieder
nachts deine Lider bewohne...

Seltsam, wie mich das Sehnen sucht,
seit du mich erfüllst, und ohne

dass ich es halten kann,
mir die Dinge verwandelst...

Seltsam, wie mich das Sehnen sucht,
seit du meine Räume erfüllst...

Seltsam schön, wie leicht ich dich finde...

Verlust und Traurigkeit

Spürst du das eigentlich, in deiner Ferne,
wie ich an deinem Herzen lebe, Tag um Tag,
und mir wohl ewig leiderfüllt verzeihen lerne
an deinem Lied, das einmal auf mir lag?

Und das mich immer forttrug, fast wie eine Schwere,
die nachts im Mondschein durch die Wälder weht –
und das jetzt immer müde, fast wie angefüllte Leere,
noch seltsam weit durch meine Seele geht...

So wie auf staubbeschwerten Büchern lange Anmut liegt,
so wirst du immer in der Zeit auf mir zu lesen sein –
doch sag mir bitte noch: Wie hat sie dich besiegt,
die Furcht vor meiner Liebe? Denn wahrlich, ich war dein.

Verrat

Wie wir dich liebten und aus dir keimten, einst,
armes Land der missachteten Denker... –
Du missachtest uns abends, du verstößt uns mittags
und morgens, du vergisst uns bei Nacht... –
Wir schreiben unsere Laute in deine zerstörten Gezeiten,
unser Mehl ist von Ozeanen durchsetzt,
enttarnt und ausgeschält sind wir von dir
in die Rinde der Nacht,
und hoffen, die Hände zum Kelch... –
Doch dein Vergessen regnet
Vergangenheit und Reminiszenz
auf die wartenden Libellen
an den Ufern unserer Seelen,
und trinkt uns aus, und Dekadenz
trinkt uns bis auf das starre Auge aus,
und wir sind nur noch Zitadellen
der Hoffnung, in deiner Missachtung verbrannt...
Wir suchen in dir, einstmals Geliebte –
in deinen Oden auf umnebelter Alb
zittern unsre Gehöfte des Geistes vor Bangen
und suchen vergeblich einen weisenden Spalt...
Doch du missachtest uns abends, du verstößt uns mittags
und morgens, du vergisst uns bei Nacht... –
Im zerfasernden Echo deiner klingenden Täler,
im Steinbruch deiner zerstiebenden Flut,
findest du sophías Tiefen nicht mehr...
Rufst du einmal wieder nach uns?
Ich will und will es nicht glauben,
dass du uns all diesen Fassaden opferst,
und mit uns dich selbst...

Verwobenheit

Ich baue mir schreibend mein Haus
in die Zeit, aus meinem Leben...

Ich möchte wissen, wo die Blicke sind,
die sich die Menschen gaben...

Sieh, wie die Gebärden mich verzweigen
und mich veratmen, ein und aus...

Ich möchte wissen, wie das Bleiben rinnt,
und uns werdend nur Momente haben...

Sieh, wie ich versage, mich zu geben,
und mich die Tiefen liebevoll verneigen...

...und wenn wir schlafen, wo die Träume sind,
wohin die Worte gehen, wenn wir schweigen...

...und wenn alles ruht, wohin der Wind,
wohin der Tag, die Nacht zu zeigen...

...und wohin, wohin geht die Zeit?

Verzauberung

Dass du mich liebst,
wie ich atme und lebe –
dass du dich mir gibst
und ich dich vergebe...

...an die vereinsamte Nacht
und ihr Sternengewebe,
das uns schweigsam bewacht
und in das ich uns hebe...

Wie wir uns spiegeln
in unseren Seelen mit Mut,
und uns immer versiegeln,
wie eine Wunde voll Blut...

Wie aus der Erde Leben bricht,
so stetig und tapfer ins Werden –
und wie ins lockende Sonnenlicht
Blüten taumeln wie tiefe Gebärden...

...und dass ich so leise
mich immer seltsam verlier –
keine Angst, auf meine Weise
bin ich immer ganz nahe bei dir...

Verzeih...

Verzeih, dass ich zuhause bin
bei den Vereinsamten und Nachtverliebten,
bei den Verträumten und den Tiefbetrübten,
bei den zu oft Enttäuschten und Verliebten...

Verzeih, dass ich so friedvoll bin
bei denen, die im Dämmerlicht der Kneipen
am Lied des Lebens weiterschreiben –
den Suchenden, die durch die Jahre treiben...

Verzeih, dass ich so sorglos bin
mit den Vergessenen und Heimatlosen,
und denen, die vom Leben ausgestoßen –
mit den auf stillste Weise oftmals Großen...

Verzweifelte Hingabe

Manchmal bin ich so erfüllt
von Schmerz, der nie mein eigen war,
bin so verzweifelt zeitumhüllt,
wie ein vereinsamter Pulsar...

...der von der Sehnsucht lebt,
den Rand der Tiefen um ihn zu erreichen,
und der die Räume liebevoll durchbebt...
Oh, einmal leben vor dem Weichen...

Wachende Mächte

Ich fürchte nicht mehr das Weitergehen,
seit ich diese Tiefe in mir erfühle –
ich habe sie in Flüssen und Wäldern gesehen
und im Trost mich umarmender Kühle...

Es wird über mein Leben eine Geschichte
täglich geschrieben von wachender Hand,
und in die Regale der Zeit gestellt...

Es erfasst sie nie mein Verstand,
vielleicht erahnen sie meine Gedichte –
doch diese Geschichte ist meine Welt...

Ich bin den Winden und Tälern entsprungen
und werde zurückkehren in tief-stille Meere –
wenn das Lied, das Mächte von mir gesungen,
leise verklingt in die Umarmung der Leere...

Wagnis

Ich scheine anders zu sterben,
seit deine Melodie mich bewacht –
sieh, wie mich die Sterne umwerben
und wie dein Klang aus mir lacht,
während ich warte, dich wieder zu sehn,
am Ufer des Meeres, zum Einbruch der Nacht,
wo wir dann lange beisammen stehn
und verwoben in Blicken uns finden,
und bang um Unsterblichkeit flehn...

Oh, Schmerz, so liebend zu schwinden,
und doch: Taumel, so sich zu geben,
so wahrhaft zur Einheit zu binden,
so wahrhaft wagen zu leben...

Wartend

Also soll ich länger warten, immer in den Weiten –
nur umhüllt von um mich aufgewellten Gesten
zärtlich mich umpulsender Zerbrechlichkeit...

Noch immer will das Leben mich nicht als Befreiten,
noch nicht mich duldsam still in seinen Armen trösten –
oh Zeit, du meine Bürde, oh schwere, große Zeit...

Ach, wie weit bin ich entfernt vom Wahrlich-Geben,
wie ein Julitag von frostdurchstarrter Winternacht,
oder weiter als die großen Städte von der Stille...

Wenn ich nur wüsste: Wie soll ich das Sterben leben,
wann gewinnt mich der Moment, der immer wacht?
Oder wann ein Tag, dem ich mich ohne Angst enthülle?

Warum leben?

Man könnte wohl fragen:
Wozu schreiben?
Wozu an all diesen Tagen
den Wahnsinn wagen
und versuchen zu bleiben?

Warum nicht sterben,
ohne Wehmut und Schmerz,
ins Verderben,
und zwei mächtige Scherben
hineinstoßen ins Herz...?

Ins Herz, diesen Brand
aus Sehnsucht und Glas,
den noch niemand verstand –
diese mächtigste Hand
und dieses redlichste Maß...

Aber warum nicht leben,
wie ein Sog und ohne Verdruss...?
Sich ganz an die Dinge geben
und sich vergessend verweben
in einen innigen Kuss...

...mit der Glut der Bilder,
die in uns strömen wie Wein –
wie Kaskaden voll sehnsuchtserfüllter
Balladen, nur reiner, nur milder –
ich möchte für immer sein...

...und mich ins Unendliche freuen
an den Menschen, die sich verlieben –
die verfließen, immer von neuem,
die hoffen, vergeben, bereuen –

hat je ein Wort dies beschrieben?

Wie können Menschen nur fragen:
Wozu schreiben?
Wozu an all diesen Tagen
den Wahnsinn wagen
und versuchen zu bleiben?

Widersprüchlich

Wo wir auch bleiben
sind wir ein Widerspruch –
was wir auch schreiben,
ein zerbrechliches Tuch...

Ein kühlender Brand,
ein heilender Schmerz,
eine krampfende Hand
und ein zweifelndes Herz...

Ein Kampf und ein Frieden,
eine Geburt und ein Tod –
ein Keim ohne Blüten
und eine Angst ohne Not...

Ein Meer ohne Gezeiten,
eine Musik ohne Ton,
ein All ohne Weiten
und ein Palast ohne Thron...

Ein Sturm ohne Winde,
ein Fluss ohne Quelle,
ein Beweis ohne Gründe
und ein Stern ohne Helle...

Ein Leid und ein Segen,
eine Nacht und ein Tag,
ein fruchtbarer Regen
und ein brennender Schlag...

Wo wir auch bleiben
sind wir ein Widerspruch –
was wir auch schreiben,
ein zerbrechliches Tuch...

Wird es wichtig sein?

Wird es wichtig sein, wie ich hier saß
und das Spiel des Lichts in Bäumen liebte?
Wird es wichtig sein, was ich im Leben las
und wie ich so suchend sterben übte?

Wird es wichtig sein, wie ich dein Atmen trank
und was ich in deine Träume schrieb?
Wird es wichtig sein, wie ich versank
tausendmal in Leib und Trieb?

Wird es wichtig sein, was ich hier schreibe,
von den Dingen, die mich rufen?
Wird es wichtig sein, dass etwas bleibe,
von den Räumen, die wir schufen?

Wird es wichtig sein, dass dieses stille Herz
für einen Augenblick die Welt berührte?
Wird es wichtig sein, wie es in Glanz und Schmerz
für einen Flügelschlag zu Leben führte?

Wird es wichtig sein, dass ich verstand,
mich als Ton zu fügen in die Melodie?
Wird es wichtig sein, dass ich an deiner Hand
bis ich weise war nach Bleiben schrie?

Wird es wichtig sein, wie ich hier saß
und das Spiel des Lichts in Bäumen liebte?
Wird es wichtig sein, was ich im Leben las
und wie ich so suchend sterben übte?

Wird es wichtig sein...?

Wogen des Werdens

Ich fürchte manchmal so sehr das Sterben,
das Aufgehn in stille Unendlichkeiten... –
dann will ich mich über die Berge breiten
und in die Tiefen des Ozeans färben –
dann will ich weiter empfinden für alle Zeiten...

...und mich ewig so über Flüsse und Felder
und die Herbstlaubträume der Seen legen –
dann will ich zerfließen im Sommernachtregen...

Ach, wie fehlen mir heute die schützenden Wälder
meiner Kindheit, auf diesen brennenden Wegen...

Zauber der Erinnerung

Heute waren die Erinnerungen
wieder ein unstillbares Meer
auf den Wangen meiner Seele...

Wenn ich nur wüsste, woher
diese flutenden Spiegelungen,
aus denen ich mich erzähle,

immer wieder entspringen
und mich in Sehnsucht singen...

Zauber einer Stadt

Es liegt ein Zauber auf den Giebeln und den Dächern,
auf den Gebäuden, alt und von Geschehnem schwer,
und in mich dringt ein Wind von diesem Schleier her,
auf den Alleen klingend, ausgebreitet wie auf Fächern...

...und rührt mich an und bringt mein Herz ins Wogen,
so bitter-zart und doch so sanft erfüllt von Süße –
ganz wie ein Kelch, aus dem ich Leben in mich gieße,
ganz wie ein Raum des Bleibens, der mich eingesogen...

Es gibt kein Wort für das, was Leben für mich heißt –
vielleicht ist es ein Traum, den Augenblick zu schreiben –
wir müssen einfach tief und still im Leben bleiben,
bis uns der Tod in Gleichmut neue Weiten weist...

Zeit und Ich

Die Zeit ist der Augenblick
und ich bin das Dauern –
untrennbar ein Ganzes im Glück,
unspaltbare Einheit im Trauern...

Ich liebe das Gleiten durch die Gestalten,
durch Phasen der Zeit, die ich schreibe –
ich fürchte so sehr, alles zu halten,
nicht zu ertragen, dass ich nicht bleibe...

Aber dass etwas bleibt liegt in mir,
darum: Warum trauern?
Ich bin das Gewesen, das Werden, das Hier,
ich bin das Dauern...

Zum Abschied

Abschied will ich dir nicht sagen,
wenn du heute Abend gehst... –
ohnehin: du wirst mich mit dir tragen,
wenn du es auch gar nicht ganz verstehst...

Seltsam groß sind sie jetzt Teil von mir,
die Stunden, die ich bei dir saß... –
die seltsam schönen, die ich nirgends las,
und nie beschreiben könnte: Sie sind sehr von dir...

Wenn du mir zugehört hast war das viel,
auch dein Vertrauen über meine Fragen... –
für diesen Raum ist mein Gefühl vielleicht zuviel...:
ich will dir einfach nochmal „danke" sagen...

Zum Geburtstag zu sagen

Mag dir immer das Schöne begegnen
und immer das Glück auf dich regnen –
mag dir immer ein Mondlied erklingen
und am Tag nur die Sonne dir singen –
mag dir einfach das Leben
nur Wege aus Träumen weben
und dir immer sein Bestes geben!

Zwiesprache

Laute sind nicht meine Welt,
ich schweige, tiefer als tief –
seltsam, wie ich die Worte liebe
und mich alles Gehörte erhält...

Ich streue mich zaghaft aus
in das Gedächtnis der Dinge –
vergebens, wie ich hoffe zu bleiben
in ihrem beharrlichen Haus...

Seltsam, wie alles Vergehende bleibt,
nur wir tief Liebenden weinen –
ich kann und kann es nicht glauben,
dass uns der Tod ins Vergessen schreibt...